AF312788

LA CONTAGION

Etude de mœurs Parisiennes

COMÉDIE EN CINQ ACTES ET EN PROSE

Par M. Emile AUGIER

De l'Académie Française

REPRÉSENTÉE POUR LA PREMIÈRE FOIS, A PARIS, SUR LE THÉATRE IMPÉRIAL DE L'ODÉON, LE 17 MARS 1866,

A Toulouse, sur le Théâtre du Capitole, le 29 juin 1866.

ANALYSE

Prix : 25 centimes.

TOULOUSE

IMPRIMERIE TROYES OUVRIERS RÉUNIS

Rue Saint-Pantaléon, 3.

LA CONTAGION

Distribution des rôles de la pièce :

PERSONNAGES.	ACTEURS.
André LAGARDE. . . .	MM. *Got.*
Le Baron Raoul d'ESTRIGAUD. .	*Berton.*
Tenancier de CHELLEBOIS. . . .	*Rey*
Lucien de CHELLEBOIS.. . . .	*Porel.*
CANTENAC.	*Glerh.*
La Marquise Annette GALÉOTTI.	M^m ^s *Savary.*
NAVARETTE.	*Doche.*
ALINE.	*Leprevost.*
Valentine de REUILLY.	*Petit.*
Aurélie BRIAT.	*J. Andrée.*

La scène se passe à Paris, de nos jours.

LA CONTAGION.

ACTE PREMIER.

La bibliothèque de Tenancier.

Au lever du rideau , Ténancier, à suite des folles dépenses de son fils, est occupé à retoucher son testament. Tout en rangeant ses papiers , un paquet de lettres tombe sous sa main : ce sont des souvenirs de jeunesse qu'il se décide à brûler pour les préserver des regards indiscrets. Entendant son fils, ils se retire dans sa chambre. Lucien arrive avec sa sœur, il s'attend à une vigoureuse remontrance de la part de son père , c'est pourquoi il s'est fait accompagner de la marquise , jeune veuve qui lui conseille un silence respectueux. Leur dialogue indique qu'ils sont atteints l'un et l'autre par la contagion du langage et la liberté des mœurs; la sœur interroge son frère sur ses maîtresses , et Lucien de raconter ses hauts faits et ceux de ses amis, entre autres d'un certain baron d'Estrigaud, l'amant de Navarette.

Une lettre échappée des mains de Ténancier tombe sous les regards de Lucien qui, après avoir lu qu'il s'agit pour son père d'un amour d'autrefois, la met dans sa poche. Ténancier paraît, il se récrie faiblement sur les dettes de son fils , mais en revanche lui reproche fortement son oisiveté et ses relations avec le baron d'Estrigaud , lequel ne lui inspire la moindre confiance. Lucien et Annette se récrient : personne n'a jamais suspecté l'honorabilité du baron ; s'il dépense beaucoup , c'est qu'en qualité d'administrateur de grandes entreprises, il a un traitement de cent mille francs, puis il joue à la Bourse.

Tout ce raisonnement ne peut convaincre Tenancier. Cet entretien de famille est interrompu par l'arrivée de deux jeunes gens , un ancien camarade de Lucien et sa sœur, André et Aline Lagarde, enfants orphelins du plus intime ami de Tenancier. André est ingénieur en chef du chemin de fer du midi de l'Espagne; après de sérieuses études, il a conçu le projet de rendre inutile Gibraltar en créant un canal navigable entre Cadix et Rio-Guayadiano. Au moment où une compagnie de capitalistes Espagnols commençait à s'organiser , l'Angleterre a envoyé un de ses agents , sir James Lindsay, pour jeter l'épouvante, et force a été à André de venir s'adresser aux capitalistes français. Lucien promet de le mettre en relation avec un homme qui connait tous les gros bonnets de la finance , le baron d'Estrigaud.

ACTE DEUXIÈME.

Un petit salon chez la Marquise.

Quinze jours se sont écoulés : ce temps a suffi pour rendre Lucien amoureux d'Aline. Annette convient qu'elle est charmante, mais elle ajoute qu'elle n'est pas pour Lucien, ni Lucien pour elle. Elle prévient son frère qu'elle attend Navarette pour lui faire répéter le principal rôle des *Argonautes*, qu'elle doit jouer chez la duchesse de Sommo-Siera. Navarette arrive en effet. La marquise s'efforce d'imiter le ton et les manières d'une femme du demi monde. Le baron d'Estrigaud, appelé par un mot d'Annette, survient et comprend que la Marquise a voulu l'embarrasser ; mais il témoigne peu de confusion. Resté seul avec la Marquise, il avoue avoir aimé autrefois Navarette, mais c'est amour s'est enfui de lui au contact d'Annette. Celle-ci cherche adroitement à éluder la question. Le Baron se voit aimé et invite Annette à venir chez lui admirer sa riche collection d'antiquités. Annette s'excuse, elle ne peut y aller seule. -- Mais je ne suis pas dangereux, réplique d'Estrigaud. — Et vous imaginez-vous par hasard que je vous trouve dangereux : s'écrie Annette, piquée. Lucien rompt ce tête-à-tête ; Annette se retire pour aller soigner sa toilette.

D'Estrigaud plaisante Lucien au sujet d'Aline. Celui-ci s'en défend, il n'y songe nullement, et puisqu'ils sont en veine d'aveux, il conseille au Baron de se méfier de Cantenac, qui fait sa cour à Navarette. Je le sais : répond flegmatiquement le Baron; leur amour, il s'en sert pour avoir des renseignements précis sur le cours de la Bourse.

André vient s'informer des démarches faites par d'Estrigaud. Rien encore, répond celui-ci, mais bientôt. En attendant il l'invite à souper chez sa maîtresse.

ACTE TROISIEME.

Un cabinet chez d'Estrigaud.

D'Estrigaud réfléchit sur un coup de Bourse qui dans quelques instants va mettre tout son crédit et son avenir en jeu.

Lucien survient et demande à d'Estrigaud si ses assiduités chez sa sœur ont pour but de l'épouser : Nullement, répond le baron, ma position ne me le permet pas.

André arrive bouleversé, il vient d'apprendre l'arrivée de Sir James à Paris. Le baron le rassure, son projet est déjà accepté par les hauts financiers de la capitale.

La marquise Galeou, pour faire preuve de courage à l'égard de
d'Estrigaud, a imaginé de donner secrètement rendez-vous chez lui
à la comtesse de Saint-Gilles, à l'heure même où elle doit s'y rendre
seule. Le baron a surpris cette correspondance, et la comtesse a
reçu contre-ordre. La marquise arrive et la voilà, malgré toutes
ses précautions, au pouvoir du baron. Elle veut fuir, mais il lui
barre le passage. Navarette entre, Annette court à elle, Navarette
la sauve de l'amour du baron. Elle se retire en remerciant Navarette.

Le baron se fâche de ce que Navarette vient de lui faire manquer
une bonne affaire, car sans elle il allait épouser la marquise. Navarette lui offre sa main et de plus, ce qui est le principal, toute sa
fortune, car le baron vient d'apprendre sa ruine complète. Il accepte
d'abord, puis une autre pensée se présente à lui : acheter pour cinq
cent mille francs le projet d'André et le revendre trois millions à
Sir James.

ACTE QUATRIEME.

Un salon chez Navarette.

Un festin splendide réunit les nombreux amis de Navarette :
Celle-ci, piquée d'avoir manqué le titre de baronne, pense à le
rattraper. Elle profite de la présence d'André chez elle pour lui
faire part en secret des projets du baron. André ne veut pas qu'un
autre ait le bénéfice de son travail. S'il faut vendre aux Anglais, il
vendra lui-même sans intermédiaire. Voilà de nouveau l'espoir re-
naître chez l'ambitieuse Navarette. Mais le baron d'Estrigaud ap-
prend cela, menace André d'employer tout son crédit pour faire
manquer son entreprise, s'il ne consent à partager au moins le
prix de cession ; André est forcé d'accepter.

Aurélie a trouvé dans la poche de Lucien un billet doux, signé
Aline ; elle s'en sert pour plaisanter son amoureux. Celui-ci ré-
clame cette lettre et reconnaît celle qu'il a trouvée dans la biblio-
thèque de son père. André jette un regard sur la lettre, reconnaît
l'écriture de sa mère et reste atterré. La lettre s'échappe de ses
mains : Aurélie la ramasse, on la passe de main en main et André
devient le jouet de cette jeunesse à demi-ivre. Se réveillant tout à
coup de sa stupeur, André rompt pour toujours avec d'Estrigaud et
ses amis, et sort en leur jetant son mépris au visage.

Cantenac pense qu'Estrigaud doit demander raison au jeune ingénieur. Le baron mesure d'un coup-d'œil les conséquences de ce
duel, et ne voit là rien qui puisse augmenter sa réputation ou son
crédit; aussi il provoque Cantenac lui-même, parce que Cantenac
est un pilier de salle d'armes, et que s'il le tue, il se débarrasse d'un
obstacle pour épouser Navarette avec ses millions.

ACTE CINQUIEME.

Chez d'Estrigaud.

Pendant que Navarette attend chez le baron l'issue du duel, elle
y reçoit la visite de Tenancier, qui vient la remercier de sa belle
conduite à l'égard de sa fille. André arrive; il se dit fort aise de
rencontrer Tenancier pour lui apprendre qu'il retire sa sœur de
chez lui. — A quoi bon, répond Tenancier, ta sœur épousera mon
fils. — Impossible, réplique André, et il lui remet la lettre égarée par
lui. — « Je te comprends, cette lettre serait, en effet, de la plus
» coupable des femmes... si elle n'était pas de la plus pure des
jeunes filles!» — Cette lettre date des jours où ta mère me fut promise
en mariage : plus tard, un revirement de fortune empêcha notre
union, et la jeune fille devint Mme Lagarde. André se jette dans les
bras de Tenancier.

Le duel vient d'avoir lieu; Contenac a été tué sur place, et
d'Estrigaud est apporté chez lui. Il se dit mortellement blessé, et
veut, avant de mourir, donner son nom à Navarette, qui s'est dévouée
en payant toutes ses dettes de jeu. André, qui s'aperçoit que l'état
de santé du baron est loin d'être alarmant, rit de ce jeu, qui n'a
pour but que de donner une tournure romanesque à son union avec
Navarette. Provoqué par André, d'Estrigaud se redresse et veut le
faire complice de son jeu. André répond qu'à présent qu'on le con-
naît, on n'a plus peur de lui. D'Estrigaud et Navarette vont alors
se servir de la calomnie. « On la fait reculer en la regardant en
face ! » répond André. « Si le monde prête trop volontiers à vos
» pareils la complicité de son indolence, il devient inflexible et vous
» fait rentrer sous terre, lorsqu'on lui plante devant les yeux les
» pièces du procès. »

D'Estrigaud ne voit d'autre moyen que de fuir à l'étranger ; mais
Navarette refuse de l'y suivre.

NAVARETTE. — Votre nom, n'ayant plus cours à l'heure qu'il est,
ne vaut plus huit cent mille francs, vous en conviendrez ; j'aime
autant le mien. »

D'ESTRIGAUD. — Eh bien, à la bonne heure ! je laisse une
élève. — Quand M, le maire arrivera, tu lui diras que je vais
mieux et que je suis parti pour la Californie. — C'est la terre
promise des hommes de ma trempe. — Adieu, mignonne.

NAVARETTE. — Bonne chance !

La propriété de la pièce appartient à MM. Michel Levy frères, libraires-éditeurs
à Paris, rue Vivienne, 2 bis; et Boulevard des Italiens, 15, à la Librairie-Nou-
velle. — Prix : 2 fr.

Toulouse, imprimerie Troyes Ouvriers Réunis, rue St,-Pantaléon 3.

OEUVRES COMPLÈTES

D'ÉMILE AUGIER

Format grand in-18

L'AVENTURIÈRE, comédie en quatre actes, en vers,
Un BEAU MARIAGE, comédie en cinq actes, en prose.
CEINTURE DORÉE, comédie en trois actes, en prose.
LA CHASSE AU ROMAN, comédie en trois actes, prose.
LA CIGUE, comédie en deux actes, en vers.
LA CONTAGION, comédie en cinq actes, en prose.
DIANE, drame en cinq actes, en vers.
LES EFFRONTÉS, comédie en cinq actes, en prose.
LE FILS DE GIBOYER, comédie en cinq actes, en prose.
GABRIELLE, comédie en cinq actes, en vers.
LE GENDRE DE M. POIRIER, comédie en quatre actes, en prose.
L'HABIT VERT, proverbe en un acte, en prose.
L'HOMME DE BIEN, comédie en trois actes, en vers.
LA JEUNESSE, comédie en cinq actes, en vers
LES LIONES PAUVRES, comédie en cinq actes, en prose,
MAITRE GUÉRIN, comédie en cinq actes, en prose.
LE MARIAGE D'OLYMPE, comédie en trois actes, en prose.
LES MÉPRISES DE L'AMOUR, comédie en cinq actes, en vers.
PHILIBERTE, comédie en trois actes, en vers.
LA PIERRE DE TOUCHE, comédie en cinq actes, en prose.
SAPHO, opéra en trois actes.

POÉSIES COMPLÈTES, un volume.

VARIANTE

ACTE CINQUIÈME

Chez d'Estrigaud, même décoration qu'au troisième acte.

SCÈNE PREMIÈRE.

NAVARETTE, QUENTIN.

QUENTIN.

Madame a sonné?

NAVARETTE, assise à la table et écrivant.

Envoyez chez moi dire à ma femme de chambre qu'elle mette dans mes caisses les effets dont j'écris la liste et qu'elle les fasse porter ici. Vous préparerez vous-même les malles de M. le baron et la vôtre.

QUENTIN.

Nous allons donc voyager?

NAVARETTE, sans cesser d'écrire.

Très-probablement : un voyage de quelques mois. Vous ferez charger les bagages sur la chaise de poste et vous commanderez des chevaux pour midi et demi.

QUENTIN.

Pardon, madame, si je suis indiscret... C'est l'intérêt que je porte à mon maître. Il est sorti ce matin en fiacre avec des épées, accompagné de deux amis et du neveu de madame, le docteur Bragelard; j'ai supposé qu'il avait encore une affaire.

NAVARETTE, écrivant toujours.

Vous êtes plein de sagacité, monsieur Quentin.

QUENTIN.

Cela m'inquiéterait médiocrement sans la circonstance de ce départ, mais on dirait que M. le baron songe à se mettre à l'abri des poursuites.

NAVARETTE.

Peut-être bien. ·

QUENTIN.

L'affaire est donc plus sérieuse qu'à l'ordinaire? Si je me permets de demander cela à madame, je la prie de croire...

NAVARETTE.

Que votre place vous est chère? Oui, Quentin, l'affaire est très-sérieuse.

QUENTIN.

Que Dieu protége M. le baron!

NAVARETTE, se levant et donnant à Quentin la liste qu'elle vient d'écrire.

Pas un mot là-dessus aux autres domestiques, vous entendez?

QUENTIN.

Madame me méconnaît... (Fausse sortie.) Madame emmènera-t-elle sa femme de chambre?

NAVARETTE.

J'oubliais... Qu'on lui dise de faire son paquet et de venir ici avec mes caisses.

QUENTIN.

Je remercie madame. (Il sort.)

SCÈNE II.

NAVARETTE, seule.

Je suis là, moi, à tout préparer comme si l'issue du combat n'était pas douteuse!... Et si la chance des armes tournait contre mon pauvre Raoul, au lieu de tourner contre mon pauvre Cantenac?... Après tout, je n'ai pas encore donné ma signature... Mais ne prévoyons pas le malheur, ça l'attire. Demain, nous serons à Bruxelles; j'enverrai ma procuration à l'agent de change de Raoul, le bruit de ma belle conduite courra comme une traînée de poudre, et, dans un mois, la nouvelle de notre mariage trouvera les esprits tout disposés... A notre retour, vertueuse Galéotti, j'entrerai dans le monde à votre bras... que vous n'oserez pas me refuser.

QUENTIN, rentrant.

Il y a là un vieux monsieur qui veut absolument parler à madame: voici sa carte.

NAVARETTE.

M. Tenancier!... Faites entrer. (Seule un moment.) Un important auxi-
liaire à gagner, ce bonhomme! Allons! toutes voiles dehors!

SCÈNE III.

NAVARETTE, TENANCIER.

TENANCIER.

Excusez-moi, madame, de vous importuner jusqu'ici: j'avais
hâte de causer avec vous: on m'a dit chez vous que je vous trouverais
chez le baron, et, malgré ma répugnance à me rencontrer avec lui...

NAVARETTE.

Il est sorti, monsieur.

TENANCIER.

C'est ce que j'ai su en bas et ce qui m'a tout à fait décidé à mon-
ter. Ma fille m'a raconté la scène d'hier, l'odieux guet-apens dans
lequel on l'avait attirée, votre admirable conduite, madame...

NAVARETTE.

Ce que j'ai fait, monsieur, tout honnête homme l'eût fait à ma
place, et j'ai la prétention d'être un honnête homme... N'est-ce pas
notre seule réconciliation possible avec l'honneur, pauvres déclassées
que nous sommes?

TENANCIER.

Ma fille vous tient en haute estime, madame, et je vois qu'elle
a raison... Mais, parmi les vertus viriles, il en est une, permettez-moi
de vous le dire, dont la pratique vous sera peut-être difficile... la discrétion; et vous comprenez quel tort ferait à ma fille la scène d'hier,
racontée même à son avantage.

NAVARETTE.

Oui! j'entends d'ici les malignes condoléances auxquelles la marquise serait en butte. Quand par hasard une femme échappe à la calomnie après une aventure pareille, elle n'échappe pas à un peu de ridi-
cule: car, si le monde n'a qu'une vengeance contre le vice, il en a
plusieurs contre la vertu. Mais nous valons mieux que lui, nous
autres... lorsque nous valons quelque chose; nous avons pour l'hon-
nêteté vraie un respect qui ressemble à de la dévotion. Pour moi,
quand je rencontre une mère de famille digne de ce nom, je suis
toujours tentée de me signer, et c'est le sentiment que m'inspire
madame la marquise Galéotti. Êtes-vous rassuré?

TENANCIER.

Complétement, et plus étonné encore.

NAVARETTE,

De quoi? de trouver un peu de cœur chez une femme dans ma position?

TENANCIER.

Non certes!... mais je suis un bon bourgeois plein de préjugés, et je ne m'attendais pas, je l'avoue, à une telle élévation de sentiments, à une intelligence si fine des choses de notre monde.

NAVARETTE, allant s'asseoir près de la table.

C'est peut-être une comédie que je vous joue!... Vous n'en jureriez pas, convenez-en.

TENANCIER

Oh! madame! pouvez-vous croire?...

NAVARETTE, avec une amertume mélancolique.

Hélas! je n'aurais pas le droit de m'en plaindre! Ne nous interdit-on pas, je ne dis pas même un retour, mais une aspiration au bien? Et quand vous avez vous-même entendu raconter quelque bonne action d'une de nous, ne vous êtes-vous pas demandé : « Qu'est-ce que ça peut donc lui rapporter? »

TENANCIER.

Mon Dieu, madame, je conviens qu'avant de vous connaître...

NAVARETTE.

Ce que ça nous rapporte? Rien et tout... un peu de notre propre pardon!... Croyez à ma sincérité ou n'y croyez pas, peu m'importe! Ce n'est pas votre estime que je cherche, c'est la mienne!

TENANCIER.

J'y crois, madame; j'y crois si bien, que je n'ose plus vous dire le but de ma démarche... sinon pour vous en offrir mes très-humbles excuses. Mais l'aveu de l'injure que je vous faisais en sera le châtiment. Je venais brutalement, stupidement, vous acheter votre silence...

NAVARETTE, se levant, vivement.

Est-ce la marquise qui vous envoyait?

TENANCIER.

Ah! grand Dieu, non! elle a de vous une opinion... que je partage désormais.

NAVARETTE, souriant.

Eh bien, payez-moi ma discrétion, je le veux bien... en me donnant une poignée de main comme à un brave garçon que je suis... Vous trouvez que c'est plus cher?

TENANCIER, lui serrant la main.

Comme à un brave garçon... (la lui baisant) et comme à une brave femme.

NAVARETTE, à part.

Il est à moi.

QUENTIN, annonçant.

M. Lagarde!

SCÈNE IV.

LES MÊMES. ANDRÉ.

NAVARETTE.

Le baron est sorti, monsieur.

ANDRÉ.

Je le sais, madame; mais j'ai à lui parler de choses très-importantes : je l'attendrai.

NAVARETTE.

Reviendriez-vous sur votre refus d'hier?

ANDRÉ.

Vous ne le croyez pas. Mais il y a toute une situation à régler.

NAVARETTE.

Les affaires du baron ne me regardent pas; il ne peut tarder à rentrer; permettez-moi, messieurs, de surveiller quelques préparatifs.

(Elle salue et sort par la droite.)

SCÈNE V.

ANDRÉ. TENANCIER.

ANDRÉ.

Je ne m'attendais guère à vous trouver ici.

TENANCIER, embarrassé.

Oh! je venais... Qu'y a-t-il de nouveau dans tes affaires?

ANDRÉ.

Le baron ne s'en mêle plus. J'ai vu ce matin les bailleurs de fonds, et je viens en leur nom lui offrir une indemnité pour ses peines et démarches... Mais, puisque vous voilà, permettez-moi de profiter de la rencontre et de vous instruire d'un parti que j'ai pris.

TENANCIER.

A quel sujet?

ANDRÉ.

Voilà trop longtemps que ma sœur abuse de votre hospitalité je viens d'arrêter un logement pour elle et pour moi.

TENANCIER.

De quel air contraint tu dis cela! Aurait-elle à se plaindre de nous?

ANDRÉ.

Non, monsieur.

TENANCIER.

Alors, laisse-nous-la encore.

ANDRÉ.

Impossible.

TENANCIER.

Pourquoi?

ANDRÉ.

Mon Dieu... le monde est méchant... La place d'une jeune fille pauvre n'est pas dans une maison où il y a un jeune homme riche.

TENANCIER, posant son chapeau sur la table.

Te serais-tu aussi aperçu de quelque chose?

ANDRÉ.

De rien, non! de quoi?

TENANCIER.

Comment! tu n'as pas compris que ces deux jeunes gens, tout en se taquinant, se querellant, ont pris, sans s'en douter, le chemin de traverse de l'amour?

ANDRÉ.

C'est faux! c'est absurde!

TENANCIER.

Eh! non, ce n'est pas absurde! c'est le contraire qui le serait! Ils sont charmants tous les deux, ils se voient tous les jours, comment veux-tu qu'ils ne finissent pas par s'aimer?

ANDRÉ.

Raison de plus alors pour emmener Aline.

TENANCIER.

Pour nous la laisser! A moins que tu ne répugnes à donner ta sœur à ton ami. Quant à moi, ce mariage comblerait tous mes vœux.

ANDRÉ.

Ce mariage est impossible.

TENANCIER.

Impossible?

ANDRÉ.

Vous le savez bien!

TENANCIER.

Qu'est-ce donc qui peut s'y opposer?

ANDRÉ.

Mon père.

TENANCIER.

Ton père? Voyons, parle. Que sais-tu? que crois-tu savoir?

ANDRÉ.

Ne laissez donc pas traîner vos lettres. (Il lui donne la lettre du quatrième acte.)

TENANCIER, après y avoir jeté les yeux.

Mon pauvre enfant! comme tu dois souffrir!

ANDRÉ.

Ah! si l'on mourait de honte et de douleur...

TENANCIER, les yeux sur la lettre.

Je te comprends!... Cette lettre serait, en effet, de la plus coupable des femmes... si elle n'était pas de la plus pure des jeunes filles!

ANDRÉ.

Que dites-vous?

TENANCIER.

Mais oui! J'ai dû épouser ta mère. Nous avions une correspondance autorisée par nos parents, et que je n'ai pas eu le courage de restituer tout entière, je m'en accuse, lors d'une rupture dont nous pleurions tous deux... La fortune de ton grand-père avait été enlevée tout à coup par la banqueroute d'un misérable. Mon père, devant ce désastre, eut la dureté de retirer sa parole; je m'indignais contre sa décision, je voulais passer outre; mais elle, trop fière pour entrer par l'amour d'un jeune homme dans une famille qui la repoussait, refusa la main que je la suppliais d'accepter, et, pour m'ôter tout espoir, elle se maria. — Je la retrouvai plus tard, marié moi-même, et aimant ma femme comme elle aimait son mari; mais le temps n'avait pas emporté le chaste parfum de nos souvenirs... il ne l'a pas même encore emporté aujourd'hui! et notre ancien amour se transforma en une amitié dans laquelle ton noble père prit une grande place. Voilà toute notre histoire : crois-tu encore que mon fils ne peut pas épouser ta sœur?

ANDRÉ, lui tendant la main.

Pardonnez-moi!

TENANCIER.

C'est à ta sainte mère qu'il faut demander pardon.

ANDRÉ.

Ah! j'ai assez souffert pour qu'elle me pardonne!... Je ne souhaiterais pas à mon plus cruel ennemi deux nuits pareilles à celle que je viens de passer... Quelle joie, quel orgueil, quelle force de se sentir fils d'une honnête femme!... Et pourtant je ne regrette pas mon horrible soupçon! il m'a sauvé d'une chute irrémédiable!

TENANCIER.

Toi ?

ANDRÉ.

Oui, moi! Grisé par la bonne chère, les femmes, le luxe, les paradoxes, je me laissais gagner à la contagion, je consentais à une infamie... quand cette atroce douleur m'est tombée du ciel et a réveillé mon honneur en sursaut, le frappant à l'endroit le plus tendre... Maintenant je suis sûr de moi; j'ai refusé quinze cent mille francs, et si vous saviez comme je m'en sens heureux!... Je vous conterai cela... Le d'Estrigaud est un rusé coquin, je vous en réponds, et il a plus d'un tour dans sa gibecière.

TENANCIER.

Tu ne m'apprends rien... Chut! on vient. (Regardant par la porte de la galerie.) Que veut dire ceci?

ANDRÉ.

Le baron qu'on rapporte!

TENANCIER.

Que lui est-il donc arrivé?

SCÈNE VI.

LES MÊMES, D'ESTRIGAUD, évanoui, porté par LUCIEN,
BRAGELARD et QUENTIN.

BRAGELARD.

Là... sur le canapé.

TENANCIER, à Lucien, pendant qu'on étend d'Estrigaud sur le canapé.

Mort?

LUCIEN.

Hélas! il n'en vaut guère mieux, le pauvre ami!... un coup d'épée en pleine poitrine!

BRAGELARD, à Quentin.

Où est madame?

QUENTIN.

A la lingerie.

BRAGELARD, à Lucien.

Je vais la préparer au coup qui l'attend.

LUCIEN.

Vous abandonnez Raoul?

BRAGELARD, haussant les épaules.

Si par hasard il reprenait connaissance, vous m'appelleriez ; au surplus, je reviens... (A Quentin.) Préparez la chambre à coucher, nous le porterons tout à l'heure sur son lit. (Il sort par la droite, Quentin par la gauche.)

SCÈNE VII.

D'ESTRIGAUD, évanoui ; LUCIEN, ANDRÉ. TENANCIER.

TENANCIER, à Lucien.

Qui est ce monsieur ?

LUCIEN, assis.

Bragelard, un jeune chirurgien, neveu de Navarette, dont Raoul a payé l'éducation.

TENANCIER.

Il a l'œil faux.

ANDRÉ.

Avec qui s'est battu ce pauvre diable ?

LUCIEN.

Avec Cantenac... à propos de rien ! Aussi nous pensions assister à un petit duel entre amis, nous faisions déjà le menu du déjeuner... Comme Cantenac de son côté avait amené un chirurgien, Raoul disait en riant : « Nous ne manquerons pas d'écuyers tranchants... » Ça n'a pas été long de rire ! Au bout de quelques passes, d'Estrigaud est touché en pleine poitrine ; par un mouvement automatique, il envoie sa riposte, qui traverse Cantenac et le tue roide.

TENANCIER.

C'est épouvantable !

LUCIEN.

Raoul, qui se croyait atteint légèrement, nous envoie auprès du pauvre Cantenac ; mais il n'avait plus besoin de rien, celui-là ! nous le portons dans son fiacre. Quand nous revenons à d'Estrigaud, il avait perdu connaissance... et vous voyez !

TENANCIER.

Le docteur n'a pas d'espoir ?

LUCIEN.

Non.

ANDRÉ.

Cependant... j'ai vu bien des accidents sur mes chantiers ! j'ai vu mourir !... Les narines ne sont pas pincées, les lèvres ne sont pas

décolorées... (Tâtant le pouls de d'Estrigaud — A part.) Tiens! tiens!...
Quelle comédie joue-t-il là?... Laissons-le s'enferrer, pardieu!

LUCIEN.

Eh bien?

ANDRÉ, revenant à droite.

Hum! je ne sais trop qu'en dire.

SCÈNE VIII.

Les Mêmes, NAVARETTE, BRAGELARD.

NAVARETTE.

Laissez-moi! je veux le voir une dernière fois! (Se jetant sur le
corps.) Raoul! Raoul! mon seul ami!... (D'Estrigaud échange un rapide coup
d'œil avec elle.)

TENANCIER.

Pauvre femme!

NAVARETTE.

Il respire encore... on peut le sauver! (A Bragelard.) Mais dis-moi
donc que tu le sauveras!

BRAGELARD.

A quoi bon vous abuser?

ANDRÉ, à part.

Est-ce un âne ou un compère?... (Haut.) Permettez-moi, monsieur, d'examiner la blessure.

BRAGELARD, vivement.

Impossible. Lever l'appareil en ce moment, ce serait faire souffrir
inutilement le blessé.

ANDRÉ, à part.

C'est un compère. (D'Estrigaud pousse quelques sons inarticulés.)

NAVARETTE.

Il parle... il rouvre les yeux...

D'ESTRIGAUD, d'une voix faible.

C'est toi, mon enfant?

NAVARETTE.

Oui, moi, ta Navarette.

D'ESTRIGAUD.

J'ai bien cru que je ne te reverrais plus.

NAVARETTE.

Nous te sauverons... tu vivras!

D'ESTRIGAUD.

Bragelard, êtes-vous là?

BRAGELARD.

Oui, monsieur le baron.

D'ESTRIGAUD.

Dites-moi la vérité... Il ne s'agit pas de me traiter en enfant, j'ai beaucoup de choses à faire avant de mourir.

BRAGELARD.

On ne risque jamais rien de se mettre en règle.

D'ESTRIGAUD.

Compris. — Approchez-vous, messieurs; ce que j'ai à dire doit être entendu de tout le monde et je me sens bien faible. (On se rapproche de lui.) Et d'abord je pardonne à tous ceux qui m'ont offensé, monsieur Lagarde; et, si j'ai moi-même offensé quelqu'un à votre connaissance, messieurs, je vous prie de lui demander humblement pardon pour moi.

TENANCIER.

Tous vous pardonnent, monsieur.

D'ESTRIGAUD.

Ah! si j'avais à recommencer!... Regrets tardifs! — Mais au moins est-il un acte de réparation que j'ai encore le temps d'accomplir. Voici une pauvre créature dévouée qui m'a sauvé l'honneur. Je perdais hier huit cent mille francs à la Bourse, je me préparais à me faire sauter la cervelle, quand Navarette arrive chez moi, elle devine mon dessein, elle se jette à mes pieds... « Tout ce que j'ai me vient de toi, s'écrie-t-elle, reprends ton bien. »

NAVARETTE, agenouillée près de d'Estrigaud.

O mon bienfaiteur! mon ami! mon maître! je ne te demande que de vivre et je bénirai notre pauvreté qui te livrerait tout entier à mon dévouement.

D'ESTRIGAUD.

Vous l'entendez, messieurs! — Que faire cependant? La voilà ruinée, ruinée pour moi! L'instituer ma légataire universelle? C'est à peine acquitter ma dette d'argent; mais qui acquittera ma dette de cœur? Je veux au moins que la pauvre fille ait le droit de prendre le deuil de l'homme qu'elle a tant aimé. Je suis sûr qu'elle sera fidèle à ma mémoire et qu'elle portera mon nom avec respect.

NAVARETTE.

Ta femme! moi? Non, Raoul! non! Ta servante! ta servante!

D'ESTRIGAUD.

Obéis-moi, mon enfant, pour la dernière fois... Dites, messieurs, n'est-ce pas une justice que j'accomplis?

TENANCIER, relevant Navarette.

En vous ruinant pour lui, vous avez fait acte d'épouse devant Dieu : soyez épouse aussi devant les hommes.

LUCIEN.

Acceptez son nom, madame, vous l'avez bien mérité.

ANDRÉ, ironique.

Oui, madame, acceptez son nom, vous le méritez bien.

NAVARETTE.

Je le porterai comme une relique.

D'ESTRIGAUD.

Merci... Bragelard, préparez tout pour un mariage *in extremis*...

ANDRÉ, à part.

Nous y voilà !

D'ESTRIGAUD.

Hâtez-vous, car je sens que j'ai peu d'instants à moi.

BRAGELARD.

Je cours à la mairie. (Il sort.)

ANDRÉ.

C'est déchirant ! Quel bonheur que l'épée ait glissé sur une côte et que monsieur en soit quitte pour une bande de taffetas d'Angle-terre !

TENANCIER.

André!... je ne te comprends pas!

ANDRÉ.

C'est pourtant bien clair. Madame paye les dettes de monsieur, le mariage est la condition du payement; reste à donner à ce joli marché une tournure romanesque...

LUCIEN.

Pas un mot de plus, je t'en prie.

ANDRÉ.

Tâte le pouls de monsieur comme je l'ai fait; et, s'il bat moins de soixante-cinq pulsations, je veux payer la couronne de la mariée. — Tâte donc ! (Lucien pose sa main sur le poignet de d'Estrigaud.)

D'ESTRIGAUD, se levant.

Finissons, messieurs! quand d'Estrigaud daigne faire une conces-

sion au respect humain, quand il s'abaisse à jouer une comédie, il
est prudent d'y accepter un rôle.

ANDRÉ.

Comment l'entendez-vous?

D'ESTRIGAUD.

Malheur à qui surprend mes secrets! malheur à qui me fait
obstacle !

LUCIEN.

Témoin Cantenac, n'est-ce pas?

D'ESTRIGAUD.

Eh bien, oui! témoin Cantenac.

ANDRÉ.

Vous ne ferez peur à personne. Ni ces messieurs ni moi ne sommes
gens à vous servir de complices.

D'ESTRIGAUD.

Prenez garde, monsieur, vous m'avez déjà insulté hier.

ANDRÉ.

Est-ce une provocation?

D'ESTRIGAUD.

Et si c'en était une ?

ANDRÉ.

Avant de l'accepter, je vous demanderais la permission de convo-
quer un tribunal d'honneur, et, s'il se trouve un galant homme pour
décider qu'on peut croiser le fer avec vous, je suis à vos ordres.

D'ESTRIGAUD.

Vraiment! et que lui diriez-vous, à votre tribunal d'honneur?

TENANCIER.

Je lui raconterais, moi, que, pour réparer vos coups de bourse,
vous n'hésitez pas à courir la dot par le guet-apens.

LUCIEN.

Je lui raconterais, moi, que vous menez sur le terrain les gens que
vous voulez tuer, en leur laissant croire qu'il s'agit d'un duel pour la
forme.

ANDRÉ.

Et moi, je lui raconterais la vente de votre glorieux nom à made-
moiselle Navarette, et la comédie que vous nous avez renouvelée de
votre aïeul Scapin.

D'ESTRIGAUD.

Vous le voulez? c'est une guerre à mort!

ANDRÉ.

Une guerre? Non, une simple exécution.

NAVARETTE, s'avançant entre eux.

Pas si vite, messieurs; vous vous hâtez trop de vous constituer exécuteurs des hautes œuvres. C'est nous qui vous tenons.

ANDRÉ.

Vous ?

NAVARETTE.

Savez-vous ce que M. Tenancier venait faire ici? Il venait m'acheter mon silence. J'ai refusé de le lui vendre, mais à mon tour je lui demande le sien et le vôtre : donnant, donnant.

LUCIEN.

Que dit-elle, mon père?

TENANCIER.

Hélas! la vérité. Cette pauvre femme attirée dans un piége, à qui je faisais tout à l'heure allusion, c'est ta sœur.

LUCIEN, à d'Estrigaud.

Misérable!...

TENANCIER, l'arrêtant.

On n'injurie pas un homme à qui on refuserait satisfaction. — D'ailleurs, sa tentative a échoué.

NAVARETTE.

Qui le croira? J'ai surpris la marquise ici, seule avec le baron.

TENANCIER.

Elle ne pensait pas s'y trouver seule, vous le savez bien.

NAVARETTE.

Ma foi, je n'en sais rien... et je ne suis pas obligée de dire que je suis arrivée à temps. — Vous voyez, messieurs, qu'il y a lieu de négocier.

LUCIEN, après un silence.

C'est bien, madame, nous nous tairons.

ANDRÉ.

Nous taire? pactiser avec ces gens-là? Jamais!

TENANCIER.

Songe à la réputation d'Annette...

ANDRÉ.

Doutez-vous de votre fille? (A Lucien.) Doutes-tu de ta sœur?

LUCIEN.

Non certes, mais la calomnie...

ANDRÉ, s'avançant vers d'Estrigaud, les bras croisés.

On la fait reculer en la regardant en face! — Le monde n'est pas aussi lâche que vous vous le figurez, monsieur le baron. Il prête trop volontiers à vos pareils la complicité de son indolence, et c'est là toute votre force; mais, le jour où il est mis en demeure de vous juger, où on lui plante devant les yeux les pièces du procès, son arrêt ne se fait pas attendre! Il est unanime, inflexible, et il vous fait rentrer sous terre. (À Tenancier.) Relevez la tête, monsieur; vous avez soixante ans d'honneur à opposer à leurs insinuations! qu'ils parlent, s'ils l'osent! vous jurerez, vous, qu'ils ont menti, et ils resteront écrasés sous votre serment.

TENANCIER.

Tu as raison. Quand les honnêtes gens auront l'énergie de l'honneur, les corrompus ne tiendront pas tant de place au soleil. (À d'Estrigaud.) Vous êtes perdu, monsieur, et vos courtisans seront les premiers à vous jeter la pierre pour s'absoudre de votre amitié.

LUCIEN.

Sortons. Nous n'avons plus rien à faire ici.

ANDRÉ.

Dieu merci, non! — Viens! (Ils sortent.)

SCÈNE IX.

NAVARETTE, D'ESTRIGAUD.

D'ESTRIGAUD, après un silence.

Passons à l'étranger.

NAVARETTE, sèchement.

Passez-y seul, mon cher; vous n'êtes plus un parti pour moi.

D'ESTRIGAUD.

Hein?

NAVARETTE.

Votre nom n'ayant plus cours à l'heure qu'il est, ne vaut plus huit cent mille francs, vous en conviendrez; j'aime autant le mien.

D'ESTRIGAUD reste un moment écrasé, puis relevant la tête.

Eh bien, à la bonne heure! je laisse une élève. — Quand M: le maire arrivera, tu lui diras que je vais mieux et que je suis parti pour la Californie. — C'est la terre promise des hommes de ma trempe. Adieu, mignonne. (Il lui envoie un baiser de la porte.)

NAVARETTE.

Bonne chance!

FIN.

Pour jouer le cinquième acte suivant la *variante* qui précède, on doit modifier comme il suit le monologue de Tenancier, au premier acte, scène première :

TENANCIER, en robe de chambre, assis à son bureau, dans une bergère. Il achève d'écrire et cachette des papiers.

Allons! me voilà encore une fois en règle. Tous les ans, à pareille époque, les folies de monsieur mon fils m'obligent à retoucher mon testament, et ce n'est pas une occupation réjouissante à mon âge. (Ouvrant le tiroir de son bureau.) Serrons cela, et n'y pensons plus. (Tout en rangeant des papiers.) Quand l'heure viendra, je suis prêt... (Prenant dans le tiroir un paquet de lettres attachées par un ruban noir.) Il faut pourtant me décider à brûler ces lettres; je ne veux pas qu'après moi elles tombent entre des mains indifférentes... Chers souvenirs de la jeunesse! qu'on a de peine à se détacher de vous! (Il tourne la bergère vers la cheminée, sans se lever, dénoue le ruban, ouvre une lettre et la lit des yeux.) Ah! brûlons sans lire, si je veux avoir le courage de brûler... (Il jette la lettre au feu.)

LUCIEN, frappant à la porte du fond.

Tu es enfermé ?...

PARIS. — J. CLAYE, IMPRIMEUR, RUE SAINT-BENOIT, 7.

www.ingramcontent.com/pod-product-compliance
Ingram Content Group UK Ltd.
Pitfield, Milton Keynes, MK11 3LW, UK
UKHW031714170726
13836UKWH00001B/215